REPORT OF THE TRANSPORTATION
PRACTITIONERS DEVELOPMENT IN CHINA

中国交通运输从业人员发展报告

公交车驾驶员

Bus Driver

交通运输部职业资格中心　编著

人民交通出版社股份有限公司
北京

内 容 提 要

本书聚焦城市公交企业和公交车驾驶员普遍关注的问题，对全国34家城市公交企业和5400余名公交车驾驶员进行了调研，从人力资源存量、薪酬福利、培训与晋升、身心健康、满意度分析、供求分析等角度对公交车驾驶员的实际从业状况进行了阐述。

本书适合公共交通企业管理人员阅读使用，也可供公共交通行业研究人员等参考。

图书在版编目（CIP）数据

中国交通运输从业人员发展报告. 公交车驾驶员 / 交通运输部职业资格中心编著. —北京：人民交通出版社股份有限公司, 2021.8

ISBN 978-7-114-16915-1

Ⅰ. ①中… Ⅱ. ①交… Ⅲ. ①公交车辆—汽车驾驶员—研究报告—中国 Ⅳ. ①U

中国版本图书馆CIP数据核字（2020）第212401号

Zhongguo Jiaotong Yunshu Congye Renyuan Fazhan Baogao
中国交通运输从业人员发展报告
Gongjiaoche Jiashiyuan

书　　名： 公交车驾驶员
著 作 者： 交通运输部职业资格中心
责任编辑： 刘　博　杨丽改
责任校对： 孙国靖　扈　婕
责任印制： 张　凯
出版发行： 人民交通出版社股份有限公司
地　　址：（100011）北京市朝阳区安定门外外馆斜街3号
网　　址： http：//www.ccpcl.com.cn
销售电话：（010）59757973
总 经 销： 人民交通出版社股份有限公司发行部
经　　销： 各地新华书店
印　　刷： 北京虎彩文化传播有限公司
开　　本： 720×980　1/16
印　　张： 3.5
字　　数： 50千
版　　次： 2021年 8 月　第1版
印　　次： 2021年 8 月　第1次印刷
书　　号： ISBN 978-7-114-16915-1
定　　价： 38.00元

中国交通运输从业人员发展报告
编审委员会

主　任：申少君

副主任：李好明　刘　鹏　陈孝平

委　员：何朝平　沈冬柏　张　萍　王福恒　张文玉

　　　　郝鹏玮　刘　欣　周叶飞　雷小芳

本书编写人员

主　编：尚　迪　张文玉

前　言

PREFACE

十年树木、百年树人。交通强国战略的实施，离不开交通运输从业人员队伍的建设与发展。交通运输从业人员既是交通基础设施的建设者和运输服务的提供者，也是建设质量和运输安全的保障者，交通运输市场环境和诚信体系的维护者，是交通运输发展最活跃、最能动的核心要素，对于解放和发展生产力，推进交通运输治理体系和治理能力现代化，加快交通强国建设至关重要。为了更好地总结交通运输从业人员发展的实践结果，全面、深入、系统地反映交通运输从业人员的状况，使全社会更加客观了解交通运输从业人员职业状况，交通运输部职业资格中心会同有关单位在对交通运输从业人员进行深入调查研究的基础上，陆续发布中国交通运输从业人员发展报告。

《中国交通运输从业人员发展报告——公交车驾驶员》是在对全国30余家公交企业和5400余名公交车驾驶员进行问卷调研的基础上撰写完成的。本书内容包括调查概述、人力资源存量分析、薪酬福利、公交车驾驶员的培训与晋升、职业身心健康、工作满意度、公交车驾驶员供求、改善公交车驾驶员职业状况的建议，共八章。本书的编写得到了北京公共交通控股（集团）有限公司、济南公共交通集团有限公司、青岛公交集团有限责任公司的大力支持和积极帮助，参与研讨及审定的人员有杨斌、谢静、蒋阳明、刘文东、范立、崔里宁、纪群、陈徐梅、杨丽改、黄磊、王若茜等同志，在此一并表示感谢。因调查样本和作者研究及写作水平均有限，难免存在一些纰漏，还请各位读者批评指正。

交通运输部职业资格中心

2020年9月

目　录

CONTENTS

第一章

调查概述

第一节 调查背景

交通运输是国民经济和社会发展的基础性、先导性、战略性产业，是重要的服务性行业。城市公共交通，是指在城市人民政府确定的区域内，利用公共汽（电）车（含有轨电车）、城市轨道交通系统和有关设施，按照核定的线路、站点、时间、票价运营，为公众提供基本出行服务的活动。根据2007年建设部发布的《城市公共交通分类标准》（CJJ/T 114—2007），我国城市公共交通主要分为四大基本类型：城市道路公共交通，包括常规公共汽车、快速公共汽车系统、无轨电车、出租汽车等；城市轨道交通，包括地铁系统、轻轨系统、市域快速轨道系统等钢轮钢轨系统，单轨系统、导轨等胶轮导轨系统，磁浮系统等；城市水上公共客运交通，包括旅客轮渡系统等；城市其他公共交通类型，包括客运索道和客运缆车等。

由于公共交通的重要性特点突出，国家确立了优先发展城市公共交通战略，党的十九大明确提出了建设交通强国的宏伟目标，2019年9月，中共中央、国务院印发《交通强国建设纲要》，描绘了交通运输发展的蓝图，打造素质优良的交通劳动者大军，倡导优先发展城市公共交通，鼓励引导绿色公交出行。在支撑国家总体发展战略、服务百姓民生、促进绿色发展、重大活动保障方面，城市公共交通业均发挥着不可替代的基础性作用。

公交车驾驶员是交通运输从业人员的重要组成部分，直接关系公众交通安全和公民人身安危、财产安全，为公共交通事业的发展、经济建设作出了重要贡献。城市公交行业是劳动密集型产业，根据2020年《全国道路运输从业人员职业状况调查报告》，我国城市公交车驾驶员约为96.37万人。为全面系统了解公交车驾驶员职业状况，掌握从业人员的诉求，进一步改进对从业人员的服务，促进行业健康持续发展，根据《交通运输部关于提升交通运输从业人员素质的指导意见》（交人教发〔2015〕180号），交通运输部职业资格中心组织开展了公交车驾驶员职业状况调查工作。

第二节　调查目的

通过对公交车驾驶员的基本情况与工作环境进行调查、描述、分析，全面了解从业人员职业状况，向社会大众客观真实展现行业情况，并针对存在的问题提出改善从业人员职业状况的相关建议，为出台从业人员相关政策提供建议及依据。

第三节　调查过程

一、调查对象

针对公交车驾驶员和公交企业两类对象开展调查。调查企业为国有公交企业，从业人员年龄覆盖范围为20~60岁。

二、调查方式

本次调查以文献查阅、实地访谈、线上问卷等结合的方式进行。通过查阅交通运输有关部门调查结果和研究报告，获取公交行业的相关数据。通过实地走访和蹲点调研北京公共交通控股（集团）有限公司、青岛公交集团有限责任公司等企业，与一线驾驶员面对面交流，与公交企业管理人员座谈，了解公交车驾驶员队伍整体情况。通过线上问卷的形式，进一步向公交车驾驶员与公交企业了解从业状况。

三、调查内容

主要围绕公交车驾驶员的人员结构、招聘与流动现状、培训与职业晋升、薪酬福利、工作满意度、职业健康等内容开展调查。

四、调查过程

2019年6月，交通运输部职业资格中心印发了《关于请协助开展公交车驾驶员职业状况问卷调研的函》，采用线上问卷的方式，提供网站登录和手机扫码入口，发放给北京、黑龙江、山东、河南、湖南、广西、西藏等省、自治区、直辖市。在2019年5~7月份赴北京、济南、青岛等进行了实地走访。

五、问卷回收情况

剔除重复作答、作答时间过短、作答奇异值较多等无效数据后，此次调查共回收公交车驾驶员从业人员问卷5436份，回收城市公交企业问卷34份。

第四节 分析方法

（1）描述统计。使用均值描述数据集中趋势，使用频数、百分比描述数据整体分布结构，使用标准差描述数据离散程度。

（2）交叉分析。分析两个变量间的关系。

（3）相关分析。研究变量之间是否存在某种依存关系，并对具体有依存关系的变量，探讨其相关方向以及相关程度。

第五节 报告结构

公交车驾驶员发展报告形成的技术路线图如图1-1所示。

一、调查概述
二、人力资源存量分析
三、薪酬福利
四、培训与晋升
五、职业健康
六、满意度分析
七、供求分析
公交车驾驶员职业状况
数量结构特点
加强情绪疏导
加强培训、拓宽晋升渠道
改善工作环境
供需不平衡
反馈形成
结论与建议
成果整理形成

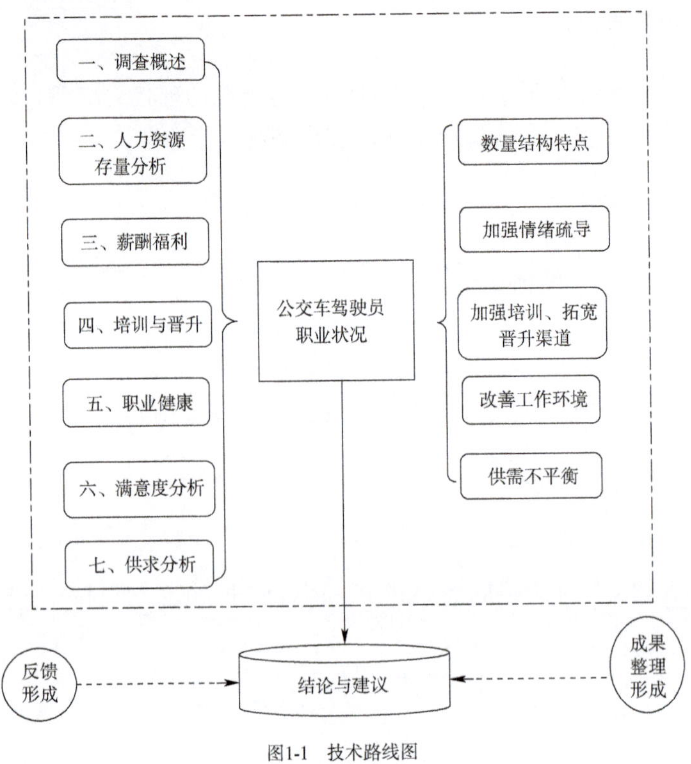

图1-1　技术路线图

第二章

人力资源存量分析

第一节　人口统计学特征

一、性别比例

参与调研的公交车驾驶员中，男性占比87.73%，女性占比12.27%（图2-1）。参与调研的企业中，男性占比84%，女性占比16%。两组数据非常接近，男性公交车驾驶员占比八成以上，占主体地位。虽然公交车驾驶员中女性的数量远低于男性，但与道路运输领域其他职业相比比例较高。根据2015年《道路运输重点岗位从业人员从业状况调查报告》，道路运输从业人员中女性占比仅为8.9%。公交车驾驶员中女性占比达10%以上。从道路运输行业各职业从业人员男女比例结构看，公交车驾驶员女性比例比行业平均值要高一些。

二、年龄构成

根据调研数据，参与调研的公交车驾驶员年龄（图2-2）主要集中在41~50岁，占比52.87%；其次是31~40岁，占比31.46%；20~30岁的占比仅为2.69%，不及51~60岁年龄组12.07%的占比。整体来看，驾驶员的年龄反映了这个职业的特点和成长路径。

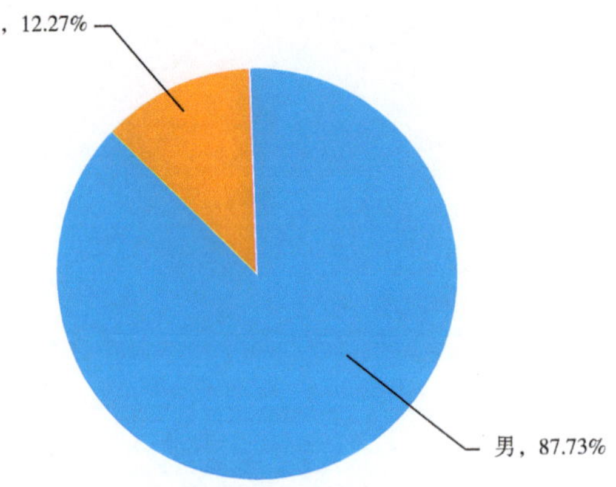

图2-1　参与报告调研的公交车驾驶员性别比例

公交车驾驶员的入职门槛较高，学习考取A1、A3驾驶证的人员相对较少，而持有A1驾驶证的人员通常会从事长途客货运工作，随着年龄的增长，才可能考虑从事相对比较稳定的城市公交车驾驶工作，这可能是导致目前公交企业公交车驾驶员平均年龄偏大的主要原因之一。

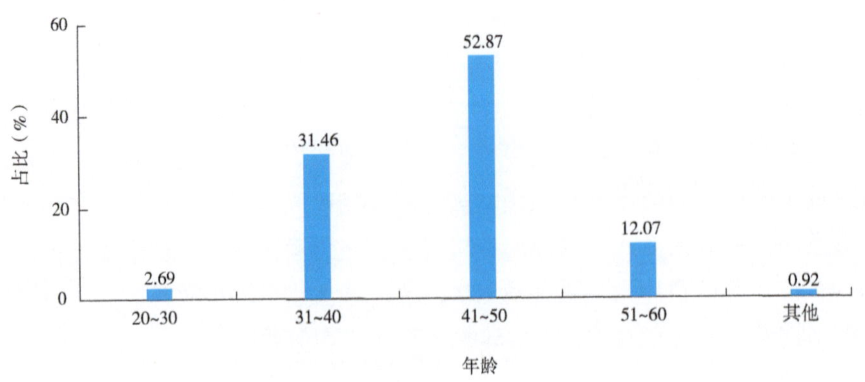

图2-2　参与报告调研的公交车驾驶员年龄构成

针对不同地区（东部地区、中部地区、西部地区）进行进一步分析，不同地区的公交车驾驶员年龄分布差异较显著（图2-3）。东部和中部地区的公交车驾驶员年龄分布较为接近，41~50岁的公交车驾驶员占比最多，达到半数以上；20~30岁的公交车驾驶员占比极少，不到2%；51~60岁的公交车驾驶员占比反而比年轻公交车驾驶员更多，超过10%。相对而言，西部地区31~40岁的公交车驾驶员占比最多，接近50%，而41~50岁的公交车驾驶员只有35%左右；此外，20~30岁的公交车驾驶员占比接近10%；51~60岁的公交车驾驶员反而居末位，占比3.77%。整体而言，东部和中部地区的公交车驾驶员平均年龄较大，而西部地区的公交车驾驶员相对年轻。

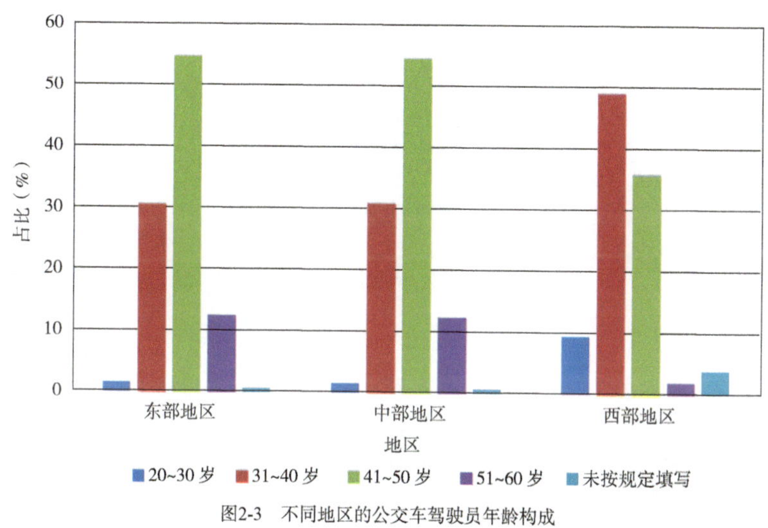

图2-3　不同地区的公交车驾驶员年龄构成

三、婚姻状况

参与调查的公交车驾驶员中，已婚者占比89.42%，占主体；未婚者仅占3.61%，另有6.97%为离异。

四、户籍状况

参与调查的公交车驾驶员中，本地户籍占绝大多数，占比高达93.3%（图2-4）。非本地驾驶员的数量相对较少，说明从业人员喜欢在当地就业，并非因为用人单位有所限制。通过走访部分公交企业了解到，目前公交车驾驶员还有缺口，且并未对外地户籍有限制。汕头市交通运输局在2016年11月出台了《关于提高汕头市公交车驾驶员相关福利待遇的实施意见》，鼓励非本地驾驶员加入，在非本地驾驶员入户等方面给予适当照顾。究其原因，本地户籍的公交车驾驶员对道路环境和交通路线的熟悉程度高，因此，从业人员多来自本地户籍人口。

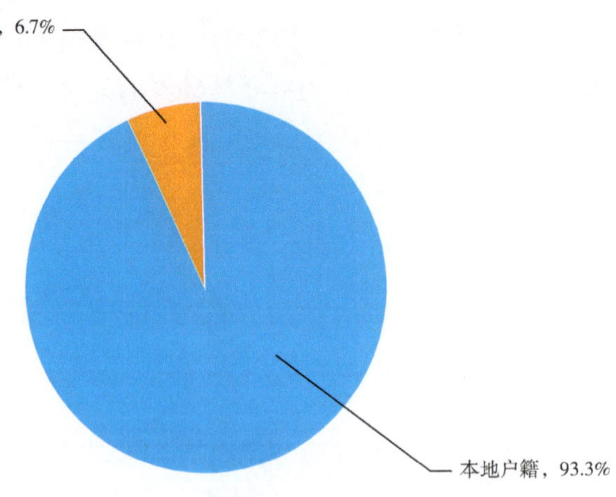

图2-4 公交车驾驶员的户籍情况

五、学历状况

学历方面（图2-5），参与调查的公交车驾驶员以初中和高中学历为主，其中初中及以下学历者占比21.17%，高中、中专、职高学历者占比60.25%。整体而言，高中及以上学历者占比接近80%，发挥主体作用。

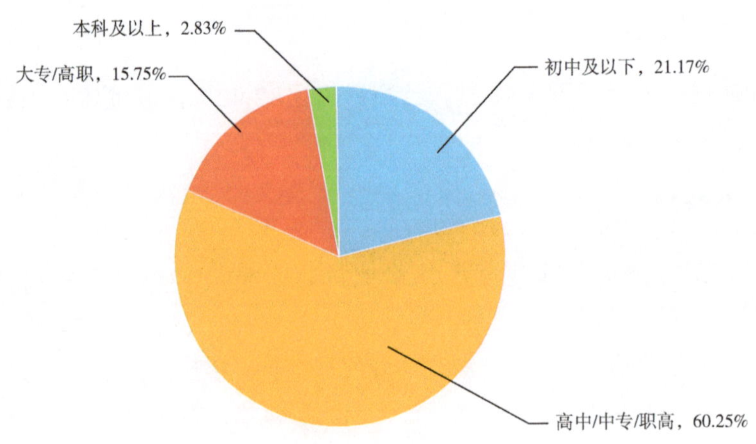

图2-5 参与调查的公交车驾驶员学历状况

随着人们对公交运营中的安全与服务标准要求的不断提高，管理部门也从传统的硬件设施改善，逐渐转移到从业人员的文化素质要求的提升上来。比如，北京公共交通控股（集团）有限公司在招聘驾驶员时，要求高中及以上的文化程度，这体现了对驾驶员的文化素质要求不断提高。

第二节 人力资源质量

一、从业年限

参与调查的公交车驾驶员平均从业年限为12.6年，一定程度上反映了职业的稳定性。其中，从业年限为5年及以下的驾驶员数量最多，占比25%；从业6~10年、11~15年、16~20年和20年以上的驾驶员分别占比23%、22%、14%和16%（图2-6）。整体来看，各从业年限区段的驾驶员数量较为接近，没有出现个别区段极多或极少的分布情况，同样说明职业的稳定性较高，人员延续性好。

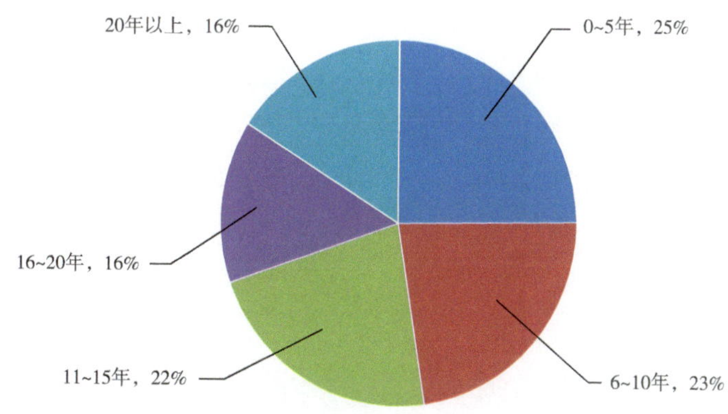

图2-6 参与调查的公交车驾驶员从业年限分布

二、从业资格

目前，尚未建立城市公交车驾驶员统一的国家职业资格制度，仅是按照各地区政策要求、企业规章制度要求对从业人员实施管理。参与调查的公交车驾驶员中，持有从业资格证（企业内部上岗证、道路旅客运输驾驶员从业资格证、汽车驾驶员职业技能鉴定证书）的人员占比为64.72%。如图2-7所示，参与调查的驾驶员中44.43%持有企业内部上岗证，说明部分企业比较重视内部管理，建立了较为完善的持证上岗制度，一定程度上保证了从业人员的入门质量。参与调查的驾驶员中61.68%持有职业技能鉴定证书，其中大部分为中级、高级，初级、技师较少，职业技能鉴定成为公交车驾驶员提升工作能力、获得职业晋升的渠道。

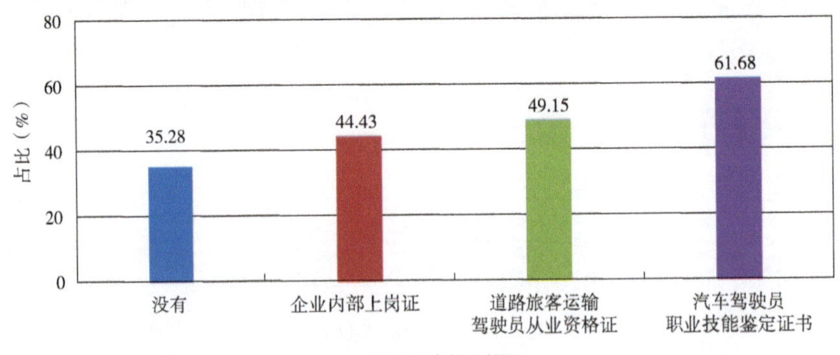

图2-7　公交车驾驶员从业证书的持有情况

小结：公交车驾驶员中男性数量远高于女性，绝大部分已婚，整体年龄分布偏高，大部分拥有高中及以上学历，平均从业年限较长，工作较为稳定，且从业者多为本地户籍。另外，城市公共交通从业人员职业技能鉴定证书及企业内部上岗证持有率较高，是从业人员提升技能与素质的重要渠道。

第三章

薪酬福利

薪酬与福利，反映了人力资本的价值创造。薪酬是员工因向所在的组织提供劳务而获得的各种形式的酬劳。狭义的薪酬指货币和可以转化为货币的报酬。广义的薪酬除了包括狭义的薪酬以外，还包括获得的各种非货币形式的满足，包括工资、保险、实物福利、奖金、提成等。本章将通过样本数据，分析公交车驾驶员的薪酬与福利状况。

第一节　薪酬满意度

根据实地调研，公交车驾驶员的薪酬包括了岗位基本工资和岗位浮动工资，岗位基本工资是驾驶员薪酬收入的最主要部分。

薪酬满意度体现了公交车驾驶员对当前薪酬的整体满意情况，分为不满意、一般、满意三级。参与调查的公交车驾驶员中，对薪酬满意的占比为20.46%，一般的占比为51.67%，不满意的占比为27.87%。

一、年龄差异

如图3-1所示，各个年龄段的薪酬满意度分布差异不大，都是满意占比最低，不满意和一般占比相当，在40%左右。其中，20~30岁的驾驶员，不满意的占比最高，为43%；满意的占比最低，为18%。51~60岁的驾驶员，满意的占比最高，为30%。整体来看，薪酬满意度随年龄的增加而增加。公交行业属于劳动密集型，对年轻人来说，参加工作时间短，职业技能水平相对偏低，职业磨炼和锻炼少，加之单调机械的工作，容易造成他们产生付出与收入不匹配的想法。

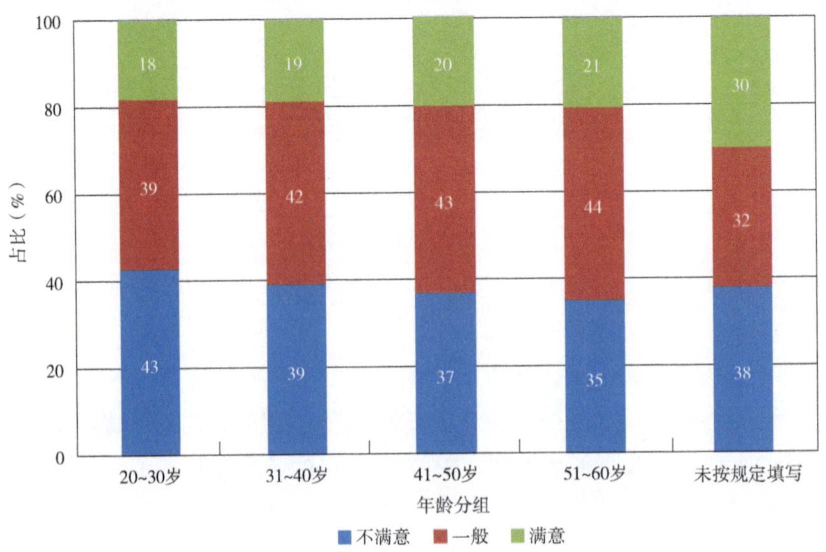

图3-1 参与调查的不同年龄段公交车驾驶员对薪酬的满意度

二、学历差异

如图3-2所示，高中及以上学历的公交车驾驶员的薪酬满意度分布接近：都是一般占比最多，在55%左右；不满意占比其次，在28%左右；满意占比最少，不到20%。初中及以下学历的驾驶员满意度分布最为不同，虽然也是一般最多，但满意占比高于不满意占比，达到了28.06%。

整体来说，薪酬满意度随着学历的升高降低，高学历的驾驶员对自我的期待更高，对自我价值的判定也较高。

三、相对薪酬满意度

如图3-3所示，大部分公交车驾驶员认为，自己的薪酬比周围其他人（行业内其他人或其他行业）要更低。

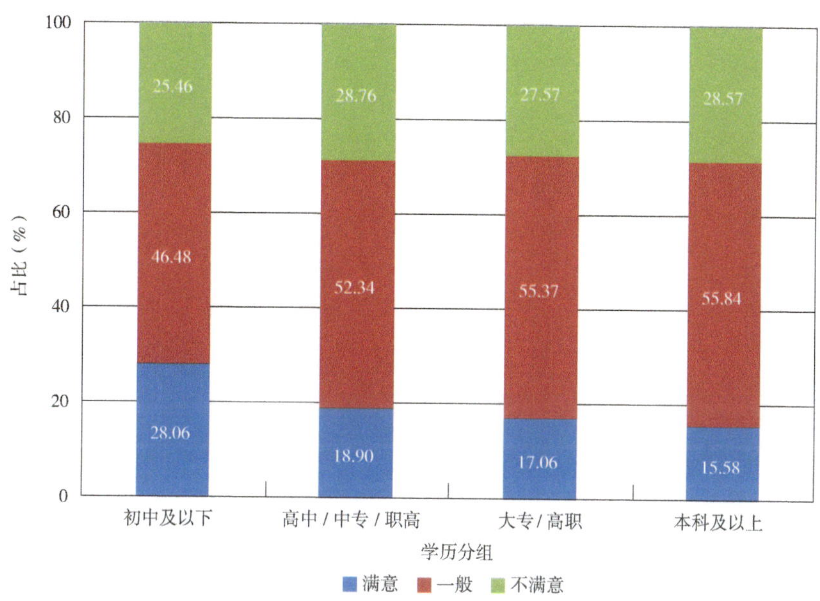

图3-2 参与调查的不同学历公交车驾驶员对薪酬的满意度

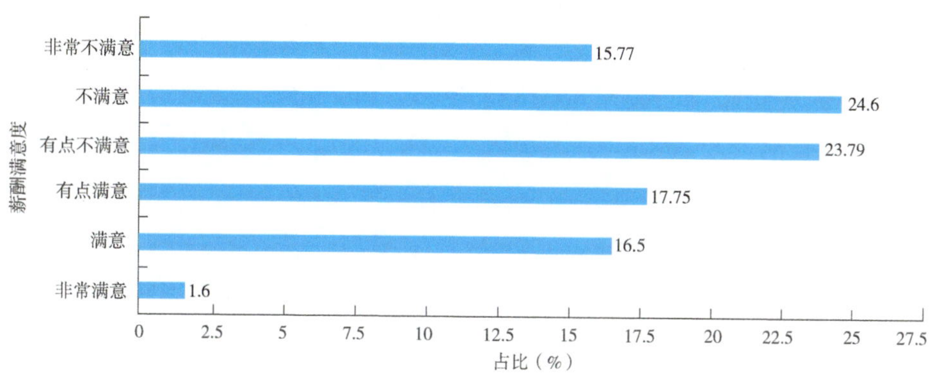

图3-3 公交车驾驶员的相对薪酬满意度

第二节 福利保障

本次福利调查涉及七项内容（图3-4），定期休息占比达到82.56%，缴纳“五险”占比88.1%，缴纳住房公积金占比77.35%，带薪年休假占比73.9%，提供岗位培训占比53.2%，提供住宿或住房补贴占比15.21%，定期免费体检占

81.73%。整体而言，公交车驾驶员的福利保障较为全面。

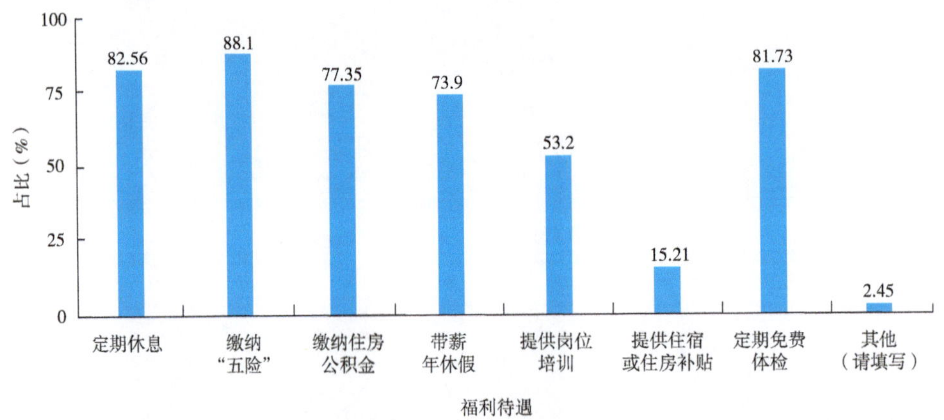

图3-4　公交车驾驶员的福利待遇

小结：随着社会经济水平发展以及我国提高劳动者可支配收入水平的政策导向，公共交通行业的工资水平持续上升，但公交车驾驶员对薪酬水平还有更高的期待。整体来说，公交车驾驶员薪酬满意度随着学历的升高而降低，薪酬满意度随年龄的增加而增加。

第四章

公交车驾驶员的培训与晋升

培训是指有计划地帮助学员学习与工作相关的能力的活动，包括知识、技能。公交行业的特殊性质决定了从业人员必须经过长期而系统的培训，必须达到和符合特殊行业的要求及标准。本章主要分析交通主管部门、企业的培训情况及公交车驾驶员的晋升渠道、晋升意愿。

第一节　公交车驾驶员的培训

在公交车驾驶员接受的培训类型方面（图4-1），接受企业组织的培训，占比78.31%；接受行业管理部门组织的培训，占比16.28%，这两种培训是公交车驾驶员培训的主要形式。企业培训是一种常用的培训方式，以能力培训为主，可以有效控制成本，同时，提升人员的素质。

在公交企业设立的培训类型方面（图4-2），设立培训的主要类型为随车实习培训（师傅带徒弟），占比95.12%；脱产培训也较为常用，占比43.9%。

在公交车驾驶员接受的培训形式方面（图4-3），绝大部分接受过现场培训，占比93.27%，这一方式可以根据工作需要进行设计，是提升员工技能的重要手段。接受过网络培训的公交驾驶员占比25.35%，这种方式成本普遍较低，并且相当便捷，不受空间、时间的限制，但管理人员无法对其进行有效监督。

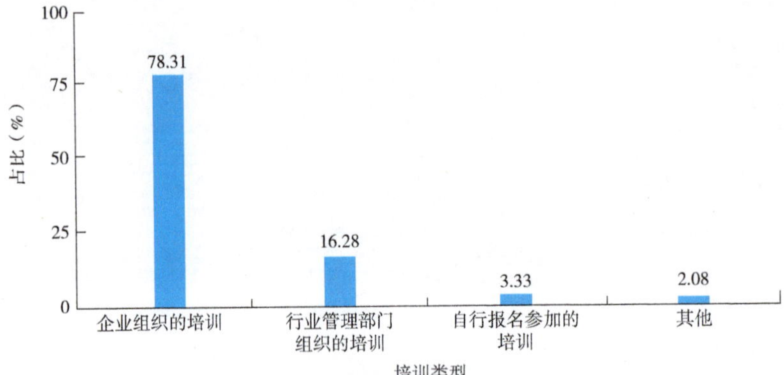

图4-1　公交车驾驶员接受的培训类型

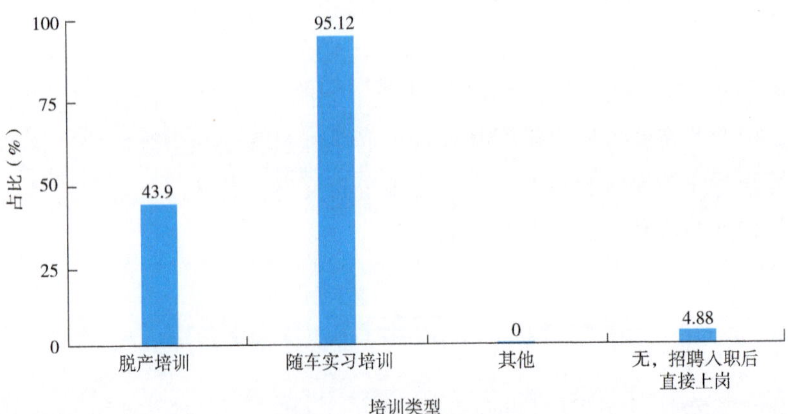

图4-2　公交企业设立的培训类型

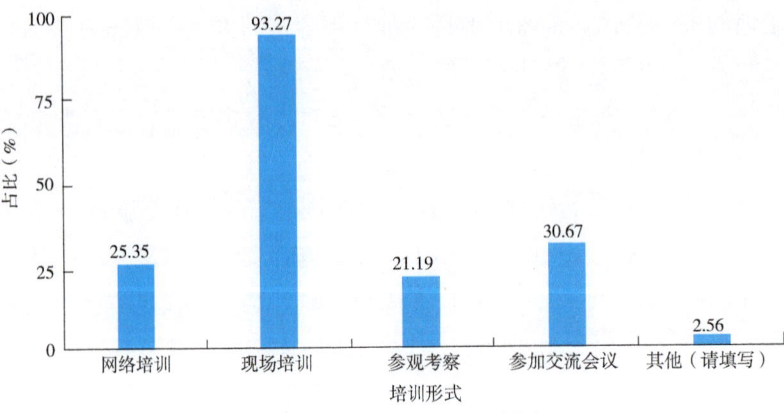

图4-3　公交车驾驶员接受的培训形式

在公交车驾驶员接受的培训时长方面（图4-4），接受培训时长在10天以内和11~30天的为多数，皆占比41.76%。总体而言，驾驶员接受培训的时间较充分，可以让其充分掌握知识。

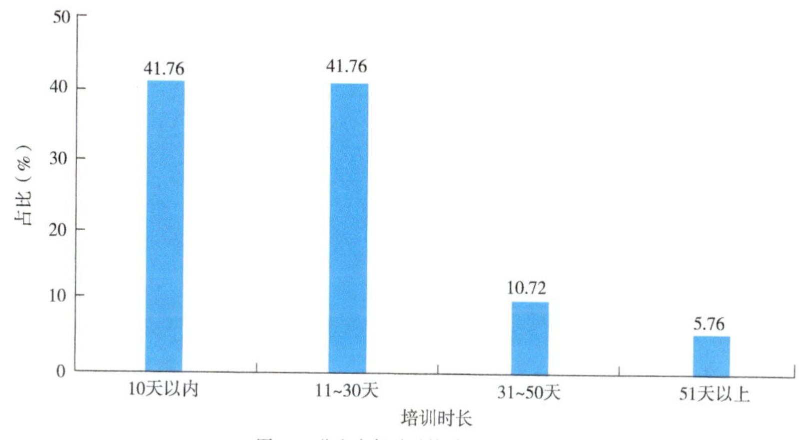

图4-4 公交车驾驶员接受的培训时长

在公交企业培训涉及的内容方面（图4-5），安全文明驾驶是主要培训内容，占比70.73%。对于公交车驾驶员而言，能够正确对待和克服驾驶过程中不安全因素，是保证行车安全重要前提。因此，企业对于驾驶员这方面的培训是非常必要的，要让驾驶员树立不开英雄车、冒险车、赌气车、带病车的意识。另外，企业培训也涉及了法律法规、应急处置的内容，但对车辆性能维护方面的培训不足。

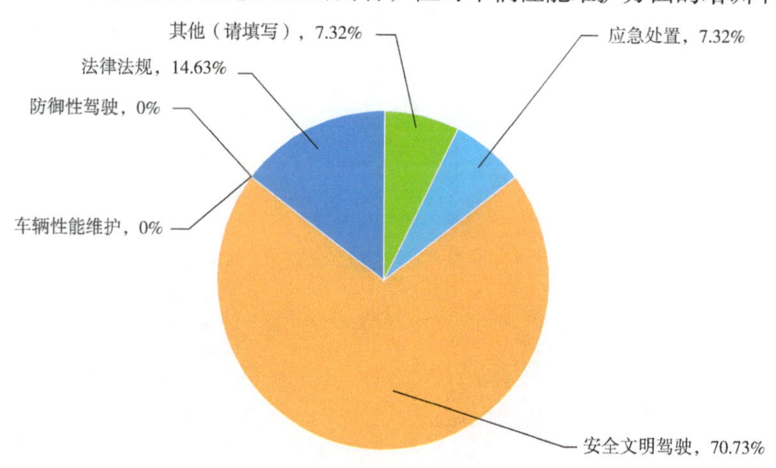

图4-5 公交企业培训涉及的内容

第二节　公交车驾驶员的晋升

在公交车驾驶员工作晋升机会方面（图4-6），大部分人认为，职业的晋升渠道很少，占比74.34%；认为职业晋升渠道多的驾驶员不足3%（较多1.78%，很多1.16%）。

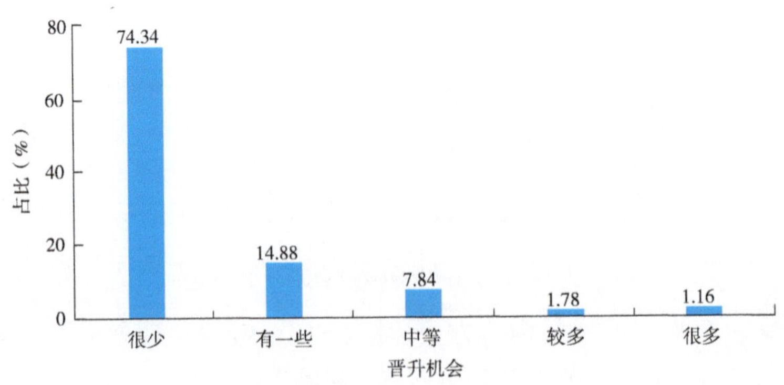

图4-6　公交车驾驶员工作晋升机会

在公交车驾驶员的晋升渠道与晋升意愿方面（图4-7），47.48%的驾驶员希望晋升管理岗，41.8%的驾驶员希望晋升内部技能等级岗，二者比例接近；然而，在晋升通道上，24.48%的驾驶员可晋升管理岗，56.36%的驾驶员可晋升技能等级岗，前者占比不到后者的一半。

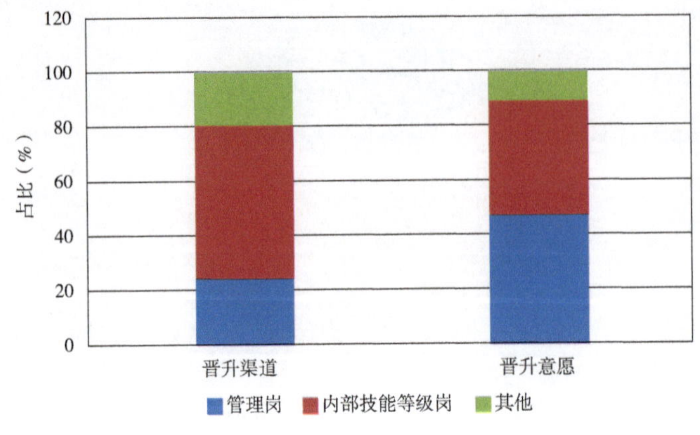

图4-7　公交车驾驶员的晋升渠道与晋升意愿

小结：公交车驾驶员主要参加的是企业组织的内训，包括公司及车队内部的培训，形式主要是脱产培训和随车实习培训，培训时间较充足。公交车驾驶员晋升管理岗位的渠道和机会有限，但被调查的驾驶员有一定的晋升管理岗位的意愿，公交企业对从业人员晋升的引导和拓宽渠道十分必要。

第五章

职业身心健康

公交车驾驶员属于特殊职业群体，该人群职业和工作特点是责任大、任务重、长期保持单一工作姿势等，需要驾驶经验和健康身心的支撑。根据爱思唯尔发布的多份研究报告，公交车驾驶员情绪波动、高强度工作压力、疲劳驾驶等是导致不安全驾驶行为的重要因素。

如图5-1所示，公交车驾驶员普遍受常见病困扰。调查显示，公交车驾驶员易患的主要常见病有：颈椎病、腰椎病、胃病等。在与驾驶员的交流中了解到，引发以上这些常见病的原因主要有，长时间保持一个姿势、行车过程中精神高度集中、每天没有固定的吃饭时间等。

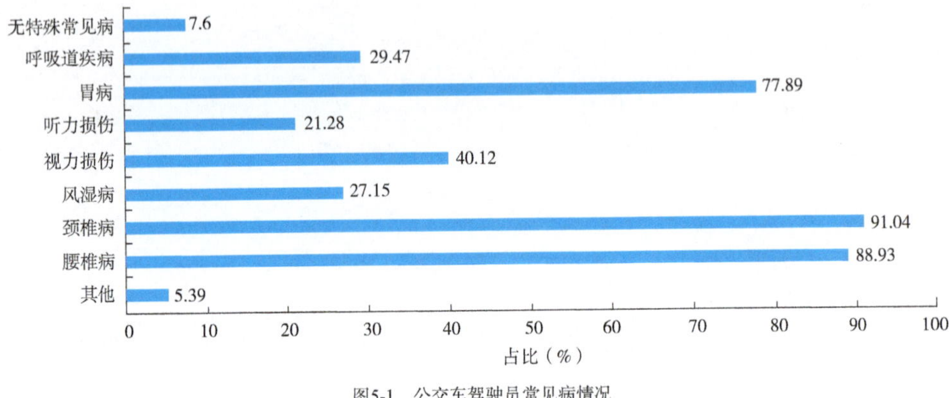

图5-1　公交车驾驶员常见病情况

如图5-2所示，在参与调查的公交车驾驶员中，感到压力的占比高达70.4%。

具体而言（图5-3），公交车驾驶员的压力主要来源于，发生事故时，其自身权益难以得到保障。部分公交车驾驶员在调查中反映，公交场站、站牌等基础设施较差，配套设备不到位，工作环境较差，部分城市尚未建立公交专用车道，以及社会车辆乱占公交车站，导致公交车驾驶员在驾驶过程中存在安全隐患。

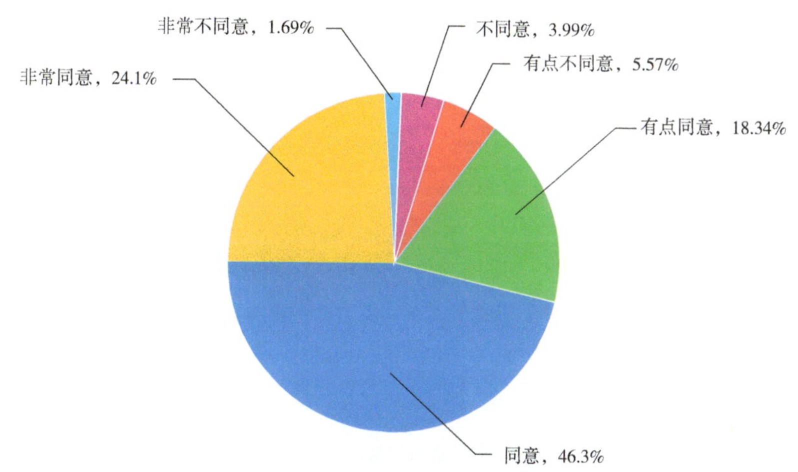

图5-2 感到压力的情况

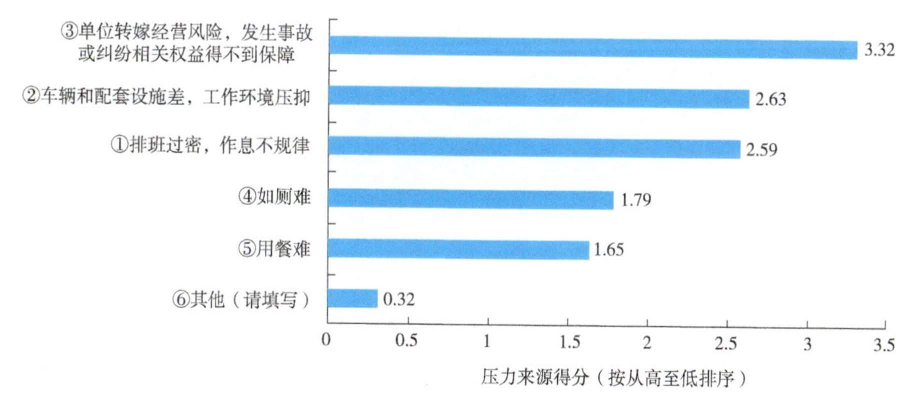

图5-3 压力来源

在社会家庭压力方面（图5-4），参与调查的公交车驾驶员将得不到乘客尊重排在压力来源第一位。在身心健康压力方面（图5-5），驾驶员将“行车突发状况多，精神高度紧张”“时常无端受乘客误解、攻击，内心压抑”“劳动强度大，体能透支，休息不足”排在了压力来源前三位。

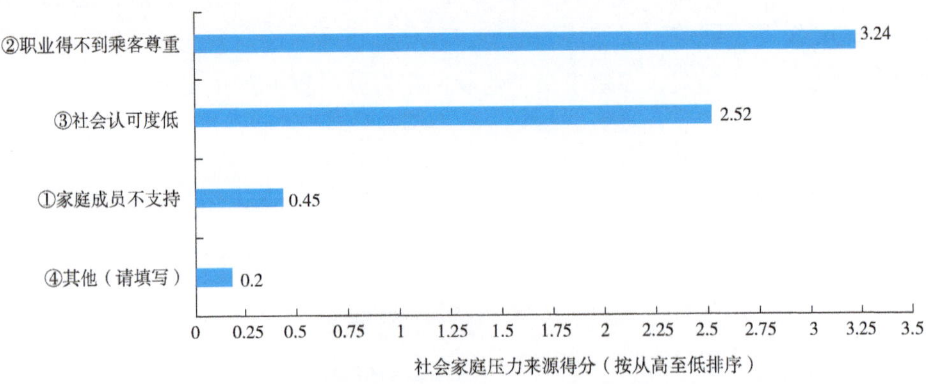

图5-4　社会家庭压力来源

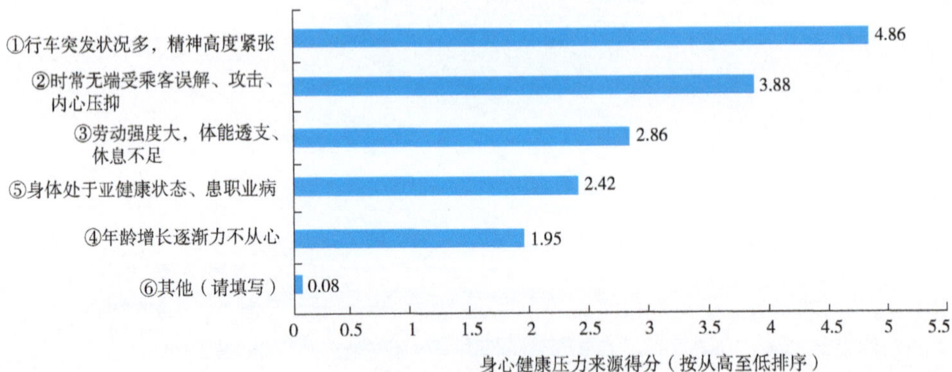

图5-5　身心健康压力来源

小结：公交车驾驶员一定程度上受常见病困扰，主要有：颈椎病、腰椎病、胃病等。身心健康方面压力的排序上，前三位是“行车突发状况多，精神高度紧张”“时常无端受乘客误解、攻击，内心压抑”“劳动强度大，体能透支，休息不足”。

第六章

满意度分析

工作满意度，通常是指某个人在组织内进行工作的过程中，对工作本身及其有关方面（包括工作环境、工作状态、工作方式、工作压力、挑战性、工作中的人际关系等等）有良性感受的心理状态。从激励理论看，需求得到满足时，会提升个体对所从事工作的满意度。满意度分析是评价工作人员态度的一项重要指标。

长期以来，在公共交通服务领域，社会更多关注的是如何提高乘客满意度，并从不同侧面对影响乘客满意度的因素进行了分析，但并没有对公交车驾驶员工作满意度进行系统有效的分析和研究。本章将从不同角度分析公交车驾驶员满意度现状，并进行相关分析。

第一节　工作满意度分析

满意度测量划分为非常不满意、不满意、一般、满意、非常满意五级，分别赋值为1~5，数字从小到大表明满意度逐渐上升。

一、整体满意度

公交车驾驶员的工作满意度均值为3.38，标准差为0.7，整体满意度较高。具体而言（图6-1），45.09%的公交车驾驶员感到满意，占比最多；43.65%的公交车驾驶员感到一般，占比其次；感到不满意和非常不满意的驾驶员总占比为11.26%。

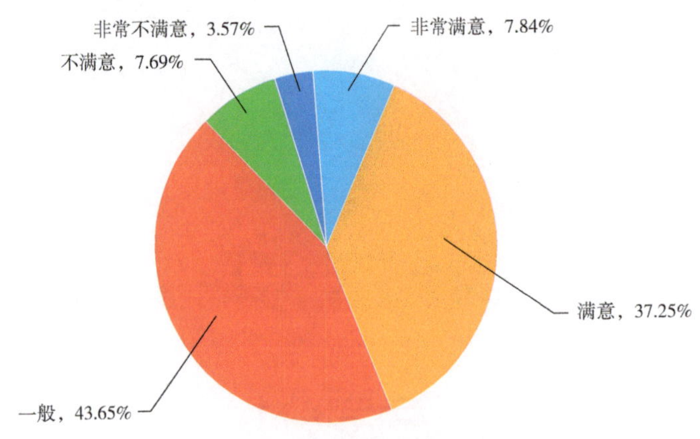

图6-1　公交车驾驶员满意度

二、性别差异

本次调查的公交车驾驶员中，男性驾驶员满意度为3.38，女性驾驶员满意度为3.36，基本相同。具体而言（图6-2），男性、女性驾驶员满意度分布也较为类似，认为满意和一般的占绝大多数。

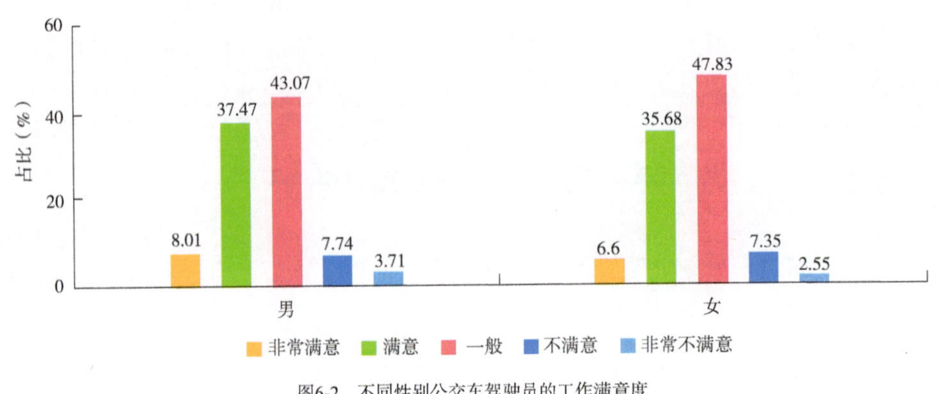

图6-2　不同性别公交车驾驶员的工作满意度

三、年龄差异

如图6-3所示，随着年龄增长，满意度逐渐增加，31~40岁、41~50岁的驾驶员满意度均值较接近。

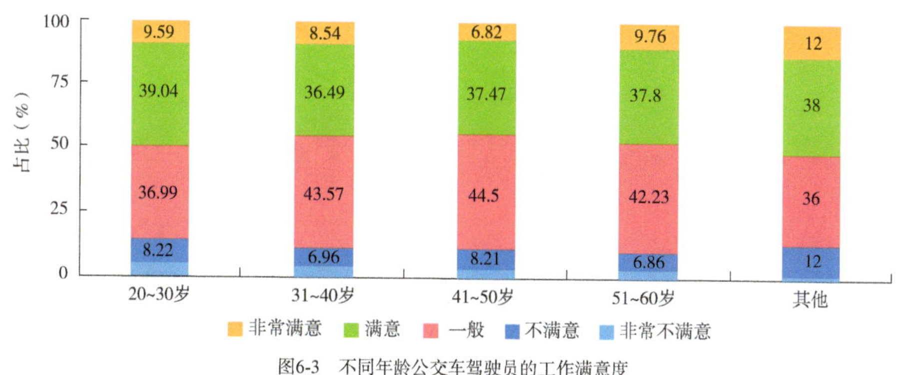

图6-3　不同年龄公交车驾驶员的工作满意度

如表6-1所示，相对于其他几个年龄段，51~60岁的驾驶员满意度均值稍高一些，可能有以下几个原因：一是随着时间的改变，个人的情感、主观感受、心理状态或多或少有所改变。如有的学者在1991年时研究发现，越年长者越能将自己的个人需求与组织或工作之间进行调整、配合，所以年龄越大满意度越高。另外，个人随着时间的变化，经历的背景不同，对事物也有不同的偏好与需求，如达扎克于1994年研究发现26~35岁工作者工作最不满意。但赫兹伯格年发现，年龄与工作满足呈U字形曲线关系，刚开始满足程度较高，但随着年龄的增长降低，超过某一阶段后满意度又与年龄呈正向变化。

不同年龄公交车驾驶员的工作满意度　　表6-1

项　目	20~30岁	31~40岁	41~50岁	51~60岁	其他
满意度均值	3.28	3.37	3.37	3.43	3.46

四、学历差异

如图6-4所示，高中、大专、本科及以上三组的工作满意度分布比较接近，感到一般的占比最多，感到满意的其次，二者占主体，这一分布形态布与整体满意度的分布也是一致的。初中及以下学历的公交车驾驶员的工作满意度分布略有不同，感到满意的占比最高，其次才是感到一般的，感到非常满意的占比也是四个组中最高的，达到了11.03%

如表6-2所示，类似的，高中、大专、本科及以上三组的工作满意度均值接近，在3.35左右；而初中及以下的工作满意度均值远高于另外三组，达到4.64。

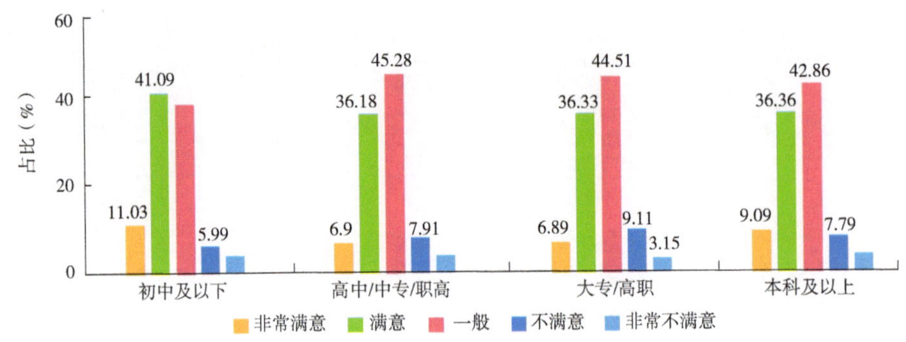

图6-4　不同学历公交车驾驶员的工作满意度

不同学历公交车驾驶员的工作满意度　　表6-2

项　　目	初中及以下	高中/中专/职高	大专/高职	本科以上
满意度均值	4.64	3.35	3.35	3.39

第二节　工作满意度的相关因素

影响公交车驾驶员工作满意度的指标是多方面的，除了年龄、性别、学历等个人属性的因素外，还有社会尊重程度、家庭支持程度、与同事的关系等社会因素，以及工作压力、付出回报失衡感等其他因素。

从相关性的角度分析家人支持程度、与同事的关系、社会尊重程度与工作满意度之间的关系，如表6-3所示，这三个因素与工作满意度均呈现出显著的正相关，相关系数分别为0.359、0.271、0.416。

工作满意度相关分析结果　　表6-3

相　关　性	家人支持程度	与同事的关系	社会尊重程度
Sig（双尾）	0.359**	0.271**	0.416**
个案数	5436	5436	5436

注：**在0.01级别（双尾），相关性显著。

根据周虹等的研究，家庭因素，如离异或丧偶相对已婚来说是心理障碍的危险因素。这与马跃等的研究结果一致。探究其原因可能是由于经历婚姻变故后，驾驶员面临社会角色的转变，经济压力的增加，家庭支持的减少等问题，使得身心健康、工作满意度受到了一定影响。

如图6-5 所示，在问及“最可能导致您不再从事公交车驾驶员的原因”时，最被提及的三条原因是身体健康、工资福利和工作条件，可见城市公交行业营商环境不够优化等问题不容忽视。

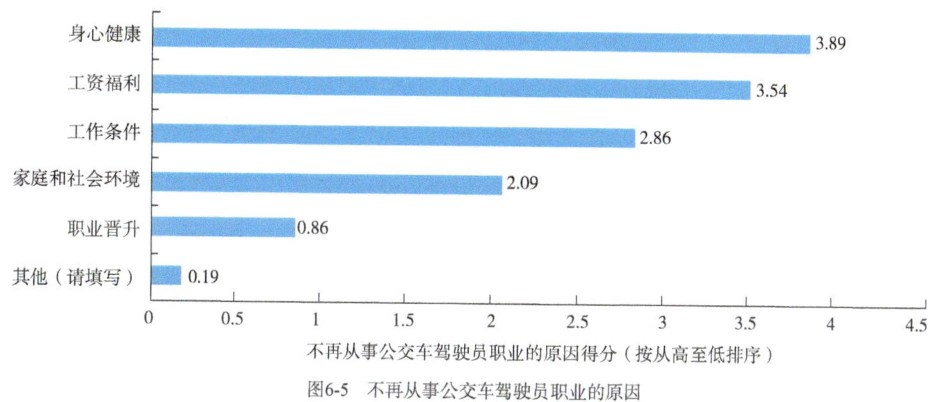

图6-5 不再从事公交车驾驶员职业的原因

如图6-6所示，公交车驾驶员感到自豪的原因是多方面的，其中最主要来源是服务大众、方便乘客、实现了人生价值。

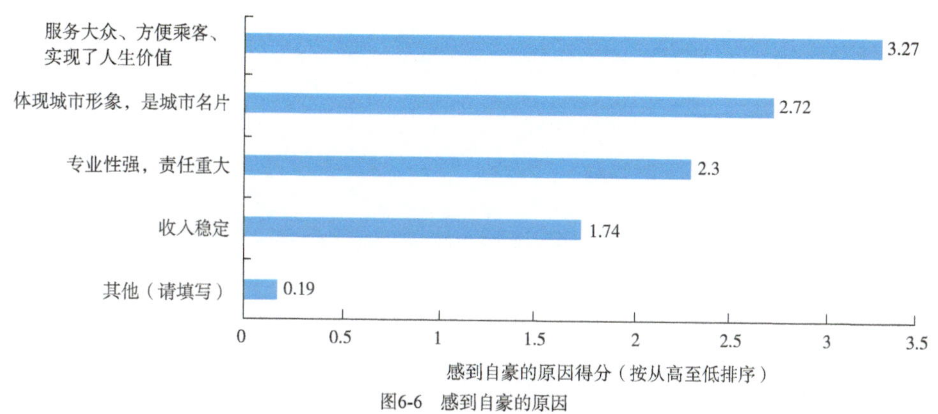

图6-6 感到自豪的原因

说明：排序题的选项平均综合得分是由系统根据所有填写者对选项的排序情况自动计算得出的，它反映了选项的综合排名情况，得分越高表示综合排序越靠前。计算方法为：

选项平均综合得分=（Σ频数×权值）/本题填写人次

权值由选项被排列的位置决定。例如，有3个选项参与排序，那么排在第一个位置的权值为3，第二个位置权值为2，第三个位置权值为1。以下排序题均使用此种算法。

小结：公交车驾驶员对目前的工作更倾向于满意；随着年龄增长，公交车驾驶员的满意度逐渐增加，社会尊重程度和家人支持程度与公交车驾驶员的满意度有关；公交车驾驶员感到自豪的原因是多方面的，主要是服务大众、方便乘客，体现了城市的形象。

第七章

公交车驾驶员供求分析

本章根据企业反馈的数据，对公交车驾驶员的招聘途径和人才短缺情况进行分析。

第一节 招聘途径

参与调查的企业中，60.98%的企业认为存在招工难的问题。新进驾驶员的职业类型（图7-1）主要集中在工人、进城务工人员、本企业其他岗位员工这三类，占比分别为36.59%、31.71%、24.39%；招聘途径（图7-2）主要为社会招聘，占比80.49%。

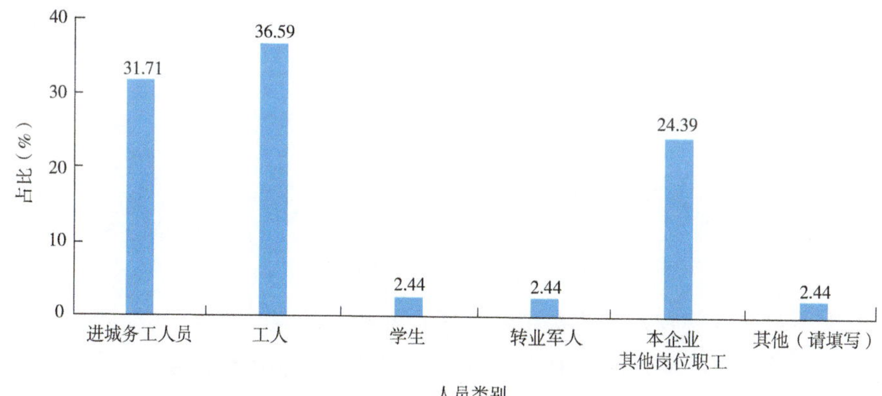

图7-1 公交企业新进驾驶员的职业分布

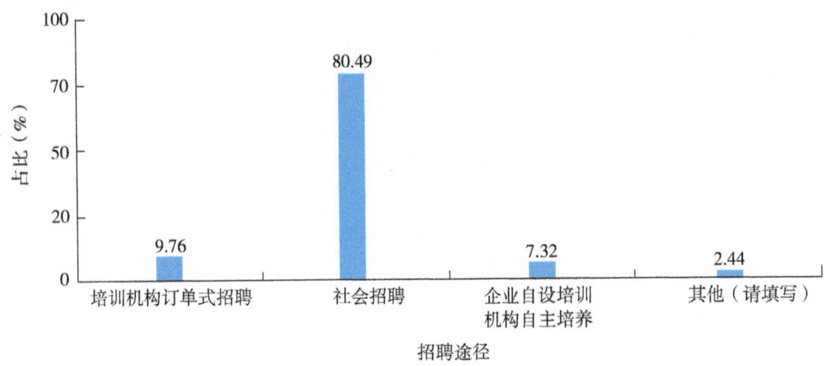

图7-2　公交企业的招聘途径

第二节　人才短缺情况

如图7-3与图7-4所示，劳动强度大、风险高、企业经营压力大、社会认可度低问题是招工难、留不住的重要原因。

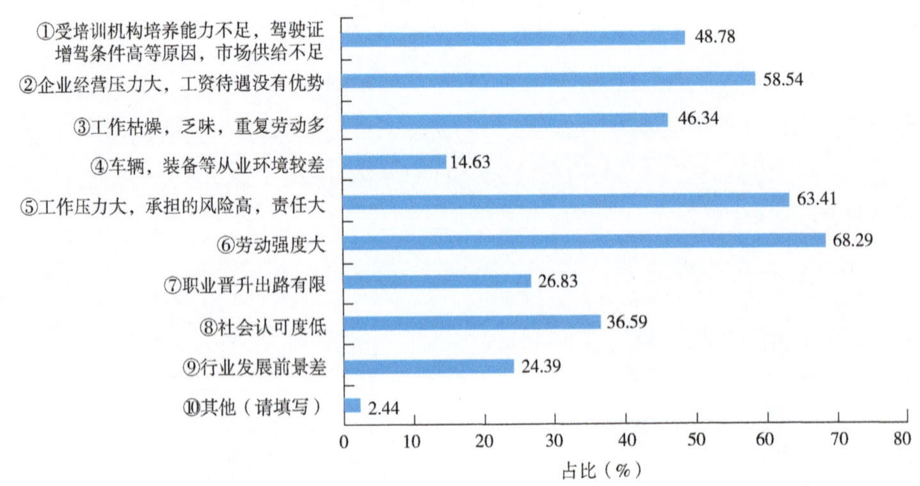

图7-3　公交车驾驶员招工难的原因

下面根据马斯洛需求理论提出的生理、安全、社交、尊重和自我实现需求，从生理、风险、工作归属感、社会认可度、职位晋升、入职门槛高等方面对招工难、留不住的原因进行分析。

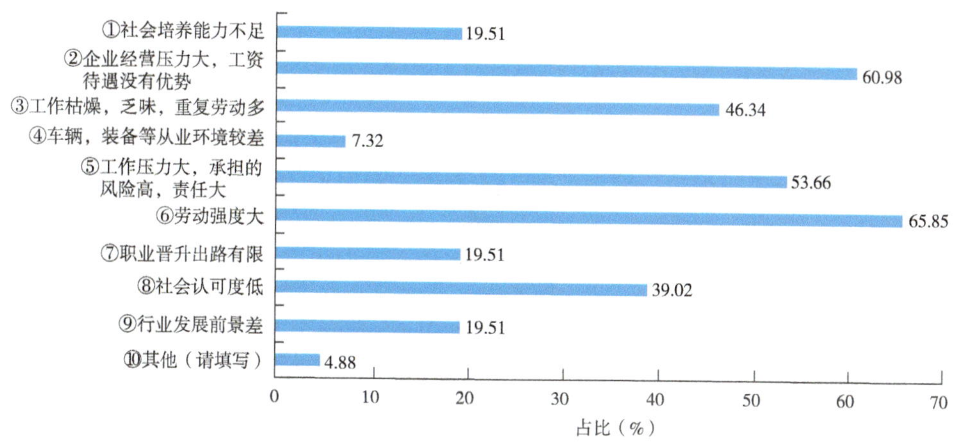

图7-4 公交车驾驶员留不住的原因

一、生理方面

公交车驾驶员长期保持着单一的驾驶姿势，工作时间比较长，同时，一些城市由于岗位缺员、道路拥堵等原因，驾驶员经常超时工作，加重了身体负担。此外，一些中小城市对公交发展认识不足，轻视了对城市公交场站的规划，带来吃饭难、如厕难等基本生理问题。

二、风险方面

公交车驾驶员每天要肩负着数以百计的乘客的安危，又要时刻关注路面和车厢内动态，防止各类事故发生，可以用“谨小慎微”四字形容驾驶员的日常工作。

近年来相继发生乘客与驾驶员发生冲突导致事故的案例，驾驶员的身心安全受到了不同程度的威胁却只能“忍气吞声”，有的企业为驾驶员颁发“委屈奖”，避免矛盾激化。

三、工作归属感方面

基于安全的考虑，公交车驾驶员在工作期间禁止闲聊，驾驶席无形之间成为公交车驾驶员的“孤岛”。此外，公交车驾驶员早出晚归、节假日无休的工作特点，又减少了他们与家人的欢聚时光，故减压渠道少。

四、社会认可度

近几年，人们对公交车驾驶员的社会尊重程度在不断提高。但有时，受道路拥堵、班次少等各种因素影响，某些乘客不能“如愿”乘车时，其个人期望得不到满足，容易与驾驶员产生矛盾，加剧了公交车驾驶员从业过程中的“焦虑”。

五、职业晋升

“自我”焦虑。每个人都渴望最大限度地发挥个人所长，实现理想和抱负。对于大多数公交车驾驶员来说，往往一干就是几十年。然而，随着自我意识强烈的“90后”纷纷步入职场，单调重复的工作并不能满足新青年的诉求，这就需要更多的职业肯定和晋升渠道来消除个人对前途的焦虑。

六、公交车驾驶员入职门槛提高

公交行业属于客运行业。公交车驾驶员培训全面而严格。目前，公交车驾驶员入职要求为：必须持有A1或A3驾驶证，有的企业要求有交管部门发放的道路客运从业资格证，并有三年以上的相关经验，才具备应聘公交车驾驶员的基本条件。

根据《机动车驾驶证申领和使用规则》（公安部令第139号）的规定，从A1、A3驾驶证考取要求看，目前申领A1驾照的增驾条件为：持B1、B2五年以上且连续五个周期内无满分记录；持A2两年以上且连续五个周期内无满分记录；无死亡事故中负主要以上责任的记录。加之A3驾驶证由于驾驶车辆类型限制，只能从事城市公交或其他非长途客货运的工作，就业面比较窄，导致不愿意去学习考取。这导致在源头上就缺乏拥有相对应技能的人员。

小结：根据调查数据分析，从公交车驾驶员培养周期和职业环境的特点看，城市公交企业一定程度上还存在招工难、高技能人才短缺的问题，劳动强度大、风险高、企业经营压力大、社会认可度低问题是招工难的重要原因。

第八章

改善公交车驾驶员职业状况的建议

第一节　职业状况整体评价

一、各地行业管理机构和企业对公交车驾驶员从业标准不统一

因《城市公共交通条例》尚未出台，无上位法依据，新增职业资格准入许可难度大，城市公交车驾驶员从业资格管理体系还未建立。因此，造成行业管理机构和企业对城市公交车驾驶员从业准入标准不统一。在公交车驾驶员群体中，部分要求持有道路旅客运输驾驶员从业资格，部分要求持有企业内部上岗证。

二、公交车驾驶员供给仍不充足

由统计结果可知，公交车驾驶员群体供给仍不充足，是由多因素造成的：一是公交车驾驶员职业教育力量仍需加强。在调研中了解到，企业补充城市公交车驾驶员形式基本上以社会招聘为主。大部分企业需对新招员工进行脱产培训和随车实习培训，以弥补社会招聘人员达不到职业要求的情况。这说明，当前公交车驾驶员的职业培训力量不足，向社会输出的公交车驾驶员数量不足。二是企业提高驾驶员收入能力不足。城市公交作为保障城市交通顺畅，方便市民日常出行的行业，通过企业改善自身经营收入从而提高公交车驾驶员收入水平的能力有限。三是劳动强度较高、工作压力较大。由于公交车驾驶员职业特殊性要求注意力高

度集中，再加上长时间工作，劳动强度大。四是驾驶证增驾条件高，抬高了职业准入门槛等。

三、排班调度制度和职业保护制度设计需优化

由分析结果可知，公交车驾驶员存在长时间驾驶、经常加班、休息不规律、就餐如厕难、身心健康受损等问题。具体来说，一是部分公交企业排班仍不科学，造成了部分公交车驾驶员长时间驾驶、车辆空驶率高、就餐和休息时间不规律。二是职业保护制度仍不健全，公交车驾驶员在与乘客发生纠纷或受到伤害时，保障公交车驾驶员合法权益的相关制度缺失，对从业人员的人文关怀、心理疏导不够。

第二节 相关建议

一、企业层面

强化公交车驾驶员情绪管理。公交驾驶员的情绪直接影响到服务质量和运营安全，公交企业应设立职工解压室，配置驾驶员心理咨询师，关注心理健康情况，特别是曾患心理疾病、家庭条件不佳人群的心理动态，应进行专业心理辅导，如有情况，主动询问，让驾驶员能在车下畅所欲言，在车上平心静气，从而有效地保障安全运营。

强化公交车驾驶员出车研判。加强对公交车驾驶员出车前的诊断问询，强化安全员的职业意识和责任。每天、每次出车前要对驾驶员的身心状态进行科学观察和全面问询，确认没有异常情况，作出能够出车的准确诊断，严禁“带气”驾驶员上岗运营。

强化公交车驾驶员职业缺口研究。建立职业缺口模型，度量预测缺口状况；强化企业与学校联合培养人才的意识，鼓励企业开展定向培养，打通人才供给渠道。

二、行业管理层面

完善职业保护制度设计。行业管理部门加强对城市公交企业的监督和指导，引导城市公交企业建立更为科学化、人性化的排班调度制度，加强城市公交车驾

驶员休息保障。

建立综合治理机制。针对公共卫生事件、运输安全突发事件、驾驶员情绪管理，制定有效防控措施，提升应对能力。

适时建立城市公交车驾驶员职业资格管理体系。在《城市公共汽电车运营管理规定》等部门规章中，适时明确城市公交从业人员的职业资格要求。

营造良好的公交车驾驶员从业环境。会同有关部门举办公交车驾驶员职业技能竞赛活动，引导从业人员提高技能水平，营造崇尚劳动、尊重人才的行业氛围。大力开展城市公交车驾驶员评优表彰工作，挖掘行业先进人物和先进事迹，发挥先进典型的示范引领作用，增强驾驶员职业荣誉感和行业归属感。

附件1

公交车驾驶员调查问卷

（A1公交车驾驶员填写）

尊敬的公交车驾驶员朋友，您好！

非常感谢您抽出宝贵时间参与此次问卷调查。本次问卷调查的目的是了解职业状况。问卷不记名，原始问卷将严格保密，调查结果只以整体情况的方式报告。您回答的真实性将直接影响调查结果的准确性。请您认真阅读问卷并在您认为正确的选项“□”上画“√”，文字内容请填写在对应的横线上。

对您的积极配合与支持表示衷心感谢！

1. 您的基本信息：

性别：□男　□女

年龄：□20~30岁　□31~40岁　□41~50岁　□51~60岁　□其他___

学历：□初中及以下　□高中/中专/职高　□大专/高职　□本科及以上

户口：□农业户口　□城镇户口

户籍所在地和工作地是否在同一地市：□是　□否

婚姻状况为：□已婚　□未婚　□丧偶

您所在的公交企业为：________________________

2. 您从事城市公交车驾驶员的时间：______年。从事营运驾驶员（包括客运、货运、公交、出租汽车驾驶员等）的累计时间：________年。

3. 您每月平均工作________天，每天平均工作________小时，每天最长连续工作时间是________小时。

4. 除机动车驾驶证外，您是否持有职业资格证书？

□是　　□否

证书名称：□企业内部上岗证

□道路旅客运输驾驶员从业资格证

□汽车驾驶员职业技能鉴定证书，级别：________

5. 您从事现工作职位后，接受过哪种形式的培训？

□企业组织的继续教育　　□行业管理部门组织的继续教育

□自行报名参加的继续教育　　□其他（请填写）________

您平均每年接受培训时长为________小时。

6. 您参加过哪种形式的培训教育？（可多选）

□网络培训　　□现场培训　　□参观考察

□参加交流会议等　　□其他（请填写）

7. 您愿意参加哪种形式的培训教育？（按倾向程度排序，限2项）

①网络培训　　②现场培训　　③参观考察

④经验交流会议等　　⑤其他（请填写）

8. 您平均每年参加培训的次数为________

□3次以内　　□4~10次　　□11~15次　　□16次以上

9. 您认为目前的培训是否能满足工作实际需要？

□是　　□否

10. 您在现工作职位上需要着重加强________（按重要程度由高到低顺序排列，限3项）。

①职业道德　　②安全文明从业意识

③政策法规和规范标准等理论知识　　④实操技能

⑤应急处置　　⑥其他________

11. 您从事城市公交车驾驶员职业的原因有哪些？可多选并按重要程度由高到低进行排序：________

①只是谋生手段　　②暂时性工作，作为职业生涯的跳板

③与所学技术对口　　　　　　　④看好行业发展趋势
⑤收入稳定，多劳多得　　　　　⑥对工作内容感兴趣
⑦其他（请填写）__________

12. 您认为从事城市公交车驾驶员工作的职业荣誉感主要有哪些?可多选并按重要程度由高到低进行排序：__________

①公交车驾驶员越来越稀缺，成为“抢手”职业
②为他人提供出行服务，能够实现人生价值
③工作稳定
④收入有保障
⑤其他（请填写）__________

13. 您的家人是否支持您从事城市公交车驾驶员工作?

□支持　　　□不支持　　　□没有意见

14. 您觉得乘客尊敬您的职业吗?

□每个人都很尊敬　　　　□大多数人都很尊敬
□半数人尊敬　　　　　　□很少人或没人尊敬

15. 您目前平均每月工资收入为：______元，预期月理想收入为______元。如您已婚，您的收入占家庭总收入（本人、配偶及未婚子女）的比例：__%

16. 您的工作享有以下哪些待遇?（可多选）

□定期休息（每月___天）　　□缴纳“五险”
□缴纳住房公积金　　　　　□带薪年休假（每年___天）
□提供岗位培训　　　　　　□提供住宿或住房补贴
□定期免费体检　　　　　　□其他（请填写）__________

17. 您觉得工资福利待遇如何?（可多选）

□总体收入不满意
□总体收入满意，但基本工资偏少，主要依靠全勤或加班获得奖励工资
□收入提高较慢
□其他（请填写）__________

18. 您从事当前职业在工作条件方面的压力有哪些?可多选并按重要程度由高到低进行排序：__________

①排班过密，作息不规律

②车辆和配套设施差，工作环境压抑

③单位转嫁经营风险，发生事故或纠纷相关权益得不到保障

④如厕难

⑤用餐难

⑥其他（请填写）____________

19. 您从事当前职业在家庭和社会环境方面的压力主要有哪些？可多选并按重要程度由高到低进行排序：____________

①家庭成员不支持

②职业得不到乘客尊重

③社会认可度低

④其他（请填写）____________

20. 您从事当前职业在身心健康方面的压力有哪些？可多选并按重要程度由高到低进行排序：____________

①行车突发状况多，精神高度紧张

②时常无端受乘客误解、攻击，内心压抑

③劳动强度大，体能透支，休息不足

④年龄增长逐渐力不从心

⑤身体处于亚健康状态，患职业病

⑥其他（请填写）____________

21. 在您的企业中有哪些晋升渠道？（可多选）

□管理岗　　□内部技能等级岗　　□其他（请填写）________

22. 如有晋升机会，您更倾向于选择哪一类岗位？

□管理岗　　□内部技能等级岗　　□其他（请填写）________

23. 总体上，您对现在所从事的城市公交车驾驶员工作是否满意？

□非常满意　　□满意　　□一般

□不满意　　□非常不满意

24. 您对工作哪些方面不满意？可多选并按重要程度由高到低进行排序：____________

①工资福利　　②工作条件　　③家庭和社会环境

④身心健康　　⑤职业晋升　　⑥其他（请填写）____________

25. 最可能导致您不再从事城市公交车驾驶员的主要原因有哪些？可多选并按重要程度由高到低进行排序：＿＿＿＿＿

①工资福利　②工作条件　③家庭和社会环境

④身心健康　⑤职业晋升　⑥其他（请填写）＿＿＿＿＿

26. 您认为，作为城市公交车驾驶员，年龄最高达到多少岁应当办理退休？男性＿＿岁，女性＿＿岁。

27. 你已安全行驶多少里程？＿＿＿＿

28. 您从事当前职业在身体健康方面有哪些问题？以下是我们列举出来的常见病，请您结合自身状况进行选择（可多选）：

□无特殊疾病　□呼吸道疾病　□胃病　□听力损伤

□视力损伤　□风湿病　□颈椎病　□腰椎病

□其他＿＿＿＿

29. 您倾向驾驶的公交车型为：

□铰接车（通道车）　□无轨电车

□有轨电车　□新能源（纯电动车）

30. 只要报酬相同，是否在目前的公交领域对我来说无所谓。

□非常不同意　□不同意　□有点不同意

□有点同意　□同意　□非常同意

31. 与自己的朋友、同学相比，我对自己目前的薪酬水平感到满意。

□非常不同意　□不同意　□有点不同意

□有点同意　□同意　□非常同意

32. 与实际付出和能力相比，我对自己的报酬感到满意。

□非常不同意　□不同意　□有点不同意

□有点同意　□同意　□非常同意

33. 我感觉我的努力和付出得到了公平公正的认可。

□非常不同意　□不同意　□有点不同意

□有点同意　□同意　□非常同意

34. 我经常花时间学习与公交相关的书籍、材料。

□非常不同意　□不同意　□有点不同意

□有点同意　□同意　□非常同意

35. 我对一起从事公交驾驶的同事很满意。

□非常不同意　　□不同意　　□有点不同意

□有点同意　　□同意　　□非常同意

36. 我对自己在单位中的晋升或提拔机会很满意。

□非常不同意　　□不同意　　□有点不同意

□有点同意　　□同意　　□非常同意

37. 我觉得目前的工作压力过高。

□非常不同意　　□不同意　　□有点不同意

□有点同意　　□同意　　□非常同意

38. 您对交通运输主管部门加强城市公交车驾驶员管理和服务工作的意见建议：

公交车驾驶员调查问卷

（A2城市公交企业填写）

企业名称：____________________（盖章）

填 表 人：____________________

联系电话：____________________

电子信箱：____________________

1. 本企业现有城市公交车辆数量为________辆。

2. 本企业城市公交车驾驶员的数量

性别结构：男______人　　女________人

年龄结构：20~30岁_____人　31~40岁_____人　41~50岁_____人

51~60岁_____人　其他____人

3. 本企业城市公交车驾驶员的学历结构为。

大学本科及以上占____%　　大专/高职占_____%

高中/中专/职高占_____%　　初中及以下占____%

4. 本企业要充分满足运营需求，车辆与驾驶员比例应为1：______，即本企业城市公交车驾驶员数量应达到______人，人员缺口达到_______人，预计缺口达到_______人。

5. 本企业公交车驾驶员新进率：________

6. 本企业城市公交车驾驶员主要的来源是：

□培训机构订单式招聘　　　　□社会招聘

□企业自设培训机构自主培养　　□其他（请填写）______

7. 本企业城市公交车驾驶员从事该职业前的数量排序：____________

①进城务工人员　　②工人　　③学生　　④转业军人

⑤本企业其他岗位职工　　⑥其他（请填写）______

8. 本企业认为城市公交车驾驶员是否存在“招工难”？

□是　　　　□否

8.1　如有，则存在“招工难”的主要原因有哪些？可多选并按重要程度由高到低进行排序：________

①受培训机构培养能力不足、驾驶证增驾条件高等原因，市场供给不足

②企业经营压力大，工资待遇没有优势

③工作枯燥、乏味，重复劳动多

④车辆、装备等从业环境较差

⑤工作压力大，承担的风险高、责任大

⑥劳动强度大

⑦职业晋升出路有限

⑧社会认可度低

⑨行业发展前景差

⑩其他（请填写）________

9. 近3年，本企业公交车驾驶员的流失率达到______%。

流失的人员中，企业提出解除劳动关系的占______%，变更服务单位的约占______%，转行从事其他工作的约占______%，因年龄、身体等原因退休离岗的占______%，其他情况约占______%。

9.1　如有，则存在城市公交车驾驶员“留不住”的主要原因有哪些？可多选并按重要程度由高到低进行排序：________

①社会培养能力不足

②企业经营压力大，工资待遇没有优势

③工作枯燥、乏味，重复劳动多

④车辆、装备等从业环境较差

⑤工作压力大，承担的风险高、责任大

⑥劳动强度大

⑦职业晋升出路有限

⑧社会认可度低

⑨行业发展前景差

⑩其他（请填写）____________

10. 本企业城市公交车驾驶员平均每月工作________________天，每天工作____________小时。

11. 本企业城市公交车驾驶员的平均收入水平为________元/月，本市社会平均工资为________元/月。

12. 本企业是否设置全勤奖作为奖励工资？

□有全勤奖，占全部收入的_____%　　　　□否

13. 本企业是否设置加班费作为奖励工资？

□有加班费，占全部收入的_____%　　　　□否

14. 本企业对城市公交车驾驶员的福利及劳动保障都有哪些？

□定期休息（每月____天）　　　　□缴纳“五险”

□缴纳住房公积金　　　　□带薪年休假（每年___天）

□提供岗位培训　　　　□提供住宿或住房补贴

□其他（请填写）____________

15. 本企业城市公交车驾驶员易患的疾病有哪些？

□颈椎病　　□腰椎病　　□胃病　　□肩周炎

□听力损伤　　□视力疲劳　　□其他（请填写）____________

16. 本企业是否制定了城市公交车驾驶员的职业/岗位标准？

□是　　□否

17. 本企业是否建立了针对城市公交车驾驶员的企业持证上岗证制度？

□否

□是，证件类型：□企业内部上岗证，持证率______%

□道路旅客运输驾驶员从业资格证，持证率______%

□汽车驾驶员职业技能鉴定证书，持证率______%

18. 本企业对城市公交车驾驶员的岗前培训方式主要有哪些？（可多选）

□脱产培训，共______小时

□“师傅带徒弟”式随车培训，共____小时（或行车里程达到____公里）

□其他____________

□无，招聘入职后直接上岗

19. 本企业对在职的城市公交车驾驶员，每年能够完成______人次的培训，平均每人培训时常___小时。在职培训方式主要有哪些？（可多选）

□脱产培训，平均每年___小时

□“师傅带徒弟”式随车培训，平均每年___小时（或行车里程达到_____公里）

□安全例会教育，每月___次，每次___小时

□其他_________

培训内容：______

□应急处置　　□安全文明驾驶　　□防御性驾驶

□车辆性能维护　　□法律法规　　□其他_____

20. 本企业是否制定了城市公交车驾驶员的培训教材/讲义/课件？

□是　　□否

培训效果如何？____________

21. 本企业城市公交车驾驶员的职业晋升路径（结合实际选填）。

晋升方向	首次晋升	再次晋升
管理岗	晋升后职位/所需年限	晋升后职位/所需年限
	/	/
高技能人才岗	晋升后职位/所需年限	晋升后职位/所需年限
	/	/

22. 本企业的城市公交车驾驶员达到多少岁即可办理退休？男性_____岁，女性______岁。

23. 对交通运输主管部门加强城市公交车驾驶员管理和服务工作的意见建议（另附页）。

参考文献

［1］国务院. 国务院关于印发“十三五”现代综合交通运输体系发展规划的通知：国发〔2017〕11号［EB/OL］.［2017-02-28］. http://www.gov.cn/zhengce/content/2017-02/28/content_5171345.htm.

［2］中华人民共和国交通运输部.中国城市客运发展报告（2018）［M］. 北京：人民交通出版社股份有限公司, 2019.

［3］王竹.浅谈公交驾驶员焦虑心理与从业环境优化［EB/OL］.［2019-7-12］.http：//www.bus-info.cn/index.php?c=article&id=3249.2019.7.

［4］陈雪梅.公交驾驶员紧缺现状与对策思考［EB/OL］.［2015-12-30］.https：//www.19lou.com/forum-165-thread-2751417441609299-1-1.html.

［5］周虹, 王偲怡, 周芸竹, 等.公交驾驶员乘客困扰、应对方式与一般心理健康状况的关系研究［J］. 现代预防医学，2020, 47（02）：300-304.

［6］马跃, 苏莹莹, 杨光, 等. 长春市成年居民一般心理健康状况及其影响因素分析［J］. 中华疾病控制杂志, 2016, 20（7）：663-666.